JN440209

그리운 눈썹

〈시인통신〉 동인 제6집

그리운 눈썹

〈시인통신〉 동인 시집

문학의전당

발문

시가 필요 없는 시대를 위해

시가 필요 없는 시대라거나, 시를 읽지 않는 세대, 스마트폰의 편리성 때문에 더 이상 시집이 팔리지 않는다는 상투적인 문장에 시인으로서의 책임을 합리화하지 말도록 하자. 그보다는 정제되고 함축된 언어와 상징으로 시대의 음모를 견제하고 고통을 위무하며, 우리가 살아가는 삶 주변부에 작고 하찮은 몰골로 방기돼 있는 소중한 의미들에 대해 시 쓰는 사람으로서 주의와 경계를 게을리 하지 않았는지를 먼저 자문해보는 게 우선은 아니겠는가? 시를 향한 소구력은 어쩌면 시인 자신들에게 달려 있는 것일 테니…….

동인 시집 제5호를 낸 지 무려 11년 만에 제6호를 엮게 됐다.

저간의 사정이야 새삼스레 말할 필요 없을 테고 지나간 11년이란 시간 동안 한 권의 시집으로 배양되지 못한 채 잊고 있었던 우리들의 시간과 추억들이 결코 서럽거나 외롭지만은 않았음을 애써 믿기로 하자.

다만 11년의 시간이 흐르는 동안 아직 이곳에 남아 지나간 시인 통신을 증거하는 사람들의 선한 눈매를 바라보기로 하자. 다만 11

년의 시간이 흐르는 동안 어깨에 둘러맨 시절의 수상함이 버거워 이곳을 떠난 이들에게 그리움의 안부를 보내도록 하자. 우리가 이곳에서 11년의 세월을 견디는 동안 그들도 떠나간 곳에서 자신들의 외로움을 견디며 시절을 보냈으리라 애써 믿으며 한 줄의 안부를 보내도록 하자. 다만 지금은 저 창밖 가로등 불빛 아래 서성이는 길손들에게도 우리의 노래를 작고 부드럽게 들려주도록 하자.

이 겨울 한껏 가난해진 사람들의 호주머니에 우리들의 겸손한 글자들이 잠시라도 따스하게 채워질 수 있다면 서러움도 없이 흘려보낸 우리들의 지난 11년의 시간이 그저 슬프기만 하겠는가, 지난 25년을 함께 흘러 다시 시, 라는 나루터에 도착한 〈시인통신〉 동인들에게 깊은 우정과 존경을 담아 이 글을 바친다.

2018년 겨울

〈시인통신〉 회장 박찬호

차례

김성한

김순모

도현신

#2

문석화

박찬호

송현승

신병호

옥순원

#3

#1

몽블랑

눈으로 길을 밝혀
외로운 한숨으로 스며들던 그 산

그 숨결 하얗게 머리에 얹고
너에게 가고 있는 내 어깨 위에는
움츠린 허기가 슬며시 젖어 있고

내 가슴속 검은 새 한 마리 휙,
빈 나뭇가지 파르르 허공을 울리며

네가 사는 어둡고 시린
시간을 가르며 화악,
세상에 쏘아진 차가운 빛들

아릿한 상처 비집고
어둠이 발목부터 적셔오던 그 밤

가책 받은 얼굴 그곳에 묻어두고

내려오는 시린 발자국 속엔
슬쩍 덤으로 얹힌 한 조각 별빛

詩

푸르게 살고 싶어

이 숨결 고스란히
손끝으로 만질 수 있을까

높이 날아올라 허공에 뿌려진
빛, 빛들의 노랫소리
이미 무뎌진 내 귀로 들을 수 있을까

매번 서늘한 꿈자리마다
아찔한 현기증 같은 것이 나, 일테면
받은기침 끝에 비릿한 토악질 같은

거칠고 게으른 날들이야

바람 속의 나무들
두 팔이 하늘을 날며 커다랗게
깔깔거리며 돌고 있는데

그저 주저앉아, 두 무릎 세우고
질펀한 노랫가락이나 읊어대면
내 몸도 마음처럼 아프기라도 할까

길, 잃어버린 기억

쉬지 않고 밀려오는
안개 속 길은
꼬리가 잘린 채 사라져버리고

내 그림자 속 세상은
마치 버려진 고양이처럼
아프게 웃고 있었다

차마 거절하지 못해
취해버린 날선 웃음에
세상 어느 구석 낡은
벤치에 앉아 기억을 토해낸다

뿌옇게 흐려진 손등 바라보며
하나 둘 흔들리던 발걸음

사라진 길 위에 주저앉아
주섬주섬 기억을 챙기던

그날,

내 낡은 주소가 발목을 겹질린 채

천천히 돌아왔다.

겨울 속에서

낡은 기억 속 그 길을
켜켜이 내려앉은 그리움으로 걷는다
빛바랜 초록의 향기는
내 입김 속에 슬며시 사라지고
구겨진 하늘에선 지친 어둠이
툭, 빗줄기를 쏟아낸다

문득 바라본 하늘엔
네가 버린 회색빛 무지개가 반짝였는데
낯익은 창가엔 앙상한 얼룩만이
시끄럽게 소리 지르고
투툭, 어깨를 부딪치며
화들짝 놀라는
낯선 소음들 속엔 네가 없다

먹먹하게 멈춰진 발등 위로
시리도록 차가운 한숨이 후두둑,
쏟아지는 그리움에

텅 빈 어깨를 묻는다

이제는 잃어버린 그 길 끝에서

라면을 먹는 밤

구불구불한 인연을 삶아서 후루룩 먹는다
당신이 빠져나간 자리에 똬리 튼 허기
밤마다 만져지는 공백을 불어터진 라면으로 메우고
매혹적인 냄새로 외로움을 마비시킨다

게으른 미련이 내 육체를 거머쥐고
우왕좌왕하며 내 안의 슬픔과 거주한다
나는 나를 분실하여 고통스럽게 주변을 뒤적이지만
라면보다 더 얽힌 골목길로 헤매는 미아가 되어버렸다

무수한 목소리들이 침묵 사이로 꾸물꾸물 기어다닌다
당신의 생각을 펼쳐서 읽던 나는 사랑하는 법을 잃어버리고
환각을 따라 후들거리는 라면을 잡고
라면을 끈처럼 잡고 라면처럼 뻗어 나오는 너의 손을 잡고

나의 밤을 먹는다 줄줄이 부드러운 뭉개어진 시간을
그리운 시간을 먹는다
착한 너의 꿈이 피어나고 너를 반추하며 느릿느릿

라면을 먹는 밤

네게 털어놓지 못한 텁텁한 순간이 숨 막히게 가슴 아픈 밤
나는 사라지고 네가 열리는 이 밤
네 빈자리가 사라지기를 갈구하며 뜨거운 라면 국물을
따갑게 들이킨다

나의 잿빛 하늘을 닦는 너를 기억한다
나선형의 길고 긴 너를 향한 갈구
쉼 없이 허기를 메우고 또 메우는
라면의 부채, 라면이 내 속에서 무너진다
사라지는 나의 어둠, 나의 청춘

진도 홍주

붉은 거리 붉은 심장들이 뒹굴었다
거짓과 은폐를 즐기는 입술들이
간교한 미소를 흘리는 시간에
먹구름 사이로 쏟아지는 햇살보다
더 세차게 쏟아지던 포탄 줄기들
먹구름이 낳은 소나기처럼 쏟아지던
거리
붉은 영혼들이 잠든 땅에 홍주를 뿌린다
독재자의 이빨처럼 뻔뻔스런 어둠을 향하여
치명적인 슬픔을 뿌린다

얼어버린 입들을 뜨겁게 달구어
불가능한 사랑을 향하여
간절히 뽑아내는 절규
홍주 한 잔의 세계는 얼음덩이들이 파도치는
흉포한 그날 쓰러져 갔던 심장들을
불러들인다

배반당한 사랑이
어떻게 몸을 던져
그래도 사랑을 구하고 자신을 구했는지
산산조각 난 길이 어떻게 헝클어져서
허공에서 심장에서 파편으로 날아오르고
끝내 녹아 없어졌는지
핏방울로 전하며
독하게 온몸으로 실핏줄까지 번지며
타오른다

모란시장 아줌마

어머니의 칼국수 냄새가 진동하는 시장 어귀
잠시 내 눈이 빛나고 어머니가 걸어 나와 칼국수를 써신다
하도 투명하고 맑아서 어머니의 그림자가 보이지 않는다
꿈속에서 머물던 어머니
너그럽고 상냥한 어머니의 목소리
완벽한 맛이 떨린다

어머니의 칼국수를 먹다가
칼바람보다 매서운 세월에 시달리신 어머니를 떠올리다가
칼칼하게 목을 훑고 넘어가는 국수 가락에 목이 메다가
칼처럼 어머니의 시간을 베어가던 가난을 추억하다가
가슴을 출렁거리게 하는 국물에 가슴을 데어
매워서인지 뜨거워서인지 그리워서인지
눈물이 조금 났다

하늘을 베며 나르는 겨울새
어머니 목소리인지 내 목소리인지 모를 소리가
나를 물고 사락사락 끌고 간다

모락모락 칼국숫집 뜨거운 열기에
풀리는 살갗이 붉게 번진다 통증처럼.

삼계탕

하늘을 열고 한 빛이 내게 왔다

깃털은 빛의 내력
고통의 골짜기에서 솟구치는 울음

어둠 속 방황에 닳아가는 날개

더위와 어지럼증 해갈하려고
빛을 달인다

밤마다 무거워지는 통증의 무게
짓눌리는 잠
캄캄한 밤이 하얗게 지워지는
새벽

가슴을 헤집어 뜯어먹는 너의 곤한 잠
부풀어오는 목젖

빛과 내통하는 날개들
소리들은 갈라져 저들끼리
허공에 발자국 남긴다

서툰 잠이 스멀스멀 뱀처럼 기어오고
휘감는 연민의 숨결
혈관으로 번진다
투명하게

불면과 이명을 물고
허공으로 달아나는 빛

추석 무렵

모태로부터 빠져나온 달이
둥둥 떠서 허공을 헤치고 간다

달을 추종하는 서늘한 바람
초라한 집으로 환한 발을 들인다

빛나는 머리카락이 해변을 쓸고
부풀어 오른 달을 뜯어 송편을 만드는

세상으로부터 잊힌 눈먼 달팽이 손으로 땅을 짚고
낡은 집에서 어제를 만난다
어제의 기억을 만나고 어제의 아픔을 만나고

달팽이 지나간 사랑을, 오는 사랑을,
몽롱한 하늘에서 몽롱한 신음을 물고
귀향하는 푸른 발, 발들

올망졸망 한 푼 없는 한통속이 달콤한 냄새를

낳는다 달콤한 생의 한 페이지를 열고
꿈꾸고 부딪치는 살 냄새를 연기처럼 마시고 웃는다

비릿한 웃음이 혈통 사이를 비집고 다니며 퍼지고
메아리는 지붕마다 겹겹이 부딪쳐 어슬렁어슬렁
달 속으로 들어가 달은 풍성해져

나무의 뜨거움과 나무의 헛헛함이
달을 떼어 먹으며 부풀어간다

여름밤
—김수영 풍으로

심장을 허공에 걸어놓고,
웅크려온 세월을
뜨겁게 드러내는구나

자욱한 모닥불 연기에 마음 쓰지 마라
시간의 물살은 어제보다 더디다
붉게 타오르는 초조함이여
너의 울음소리는 세차고 아프구나

옹이에 달빛이 비치는 밤
상처가 중얼거리며 방황하는데

날개의 가려움을 참고
맹렬하게 견디는
매미의 밤

벌레가 죽어가고
불꽃은 타오른다

추억과 욕망과 부화되고 있는 알의 어미와
모기의 따가운 속삭임과 미래가 없는 갈망이
상관없이 돋아나는 밤

어스름한 달빛 속
해바라기는 벙어리처럼 발끝만 내려다본다

기침 같은 언어가
입술에서 부풀어
기어이 꿈결에 가닿는 여름밤의 열렬함이여

멈출 수 없는 역사는 투명한 날개 파닥이며
서늘히 밤을 통과하는구나

유월

떨어진 꽃잎을 누가 쳐다보는가
석양이 지상을 훑을 때
제 그림자를 길게 눕히며
외마디처럼 지나니

몇 성긴 꽃잎에
언뜻 스치는 붉은빛

날리는 머리칼이 지는 꽃잎 같은
립스틱만 꽃을 닮은 여자
떨어지는 꽃잎 같은 치맛자락으로
바람에 기대어 서 있는 여자

젖은 속눈썹으로
사월에 띄운 편지를 기다리다
꽃잎 뒤척이듯 돌아서는 여자
흰 블라우스가 떨어진 배꽃 같은 여자

아직도 여자인 여자
여자 아닌 여자

김치

논개 죽음으로 나라를 생각한 날 새벽도
무엇으로 넘기랴 소태처럼 쓴 밥을
김치 몇 잎이 등 두드려 넘겨주어
살얼음 김칫국물로 시퍼런 날을 세워
침략의 숨통을 끊게 하는구나

푸성귀처럼 순리로 살고 김치 우리 냄새로
된장 고추장처럼 오래 사람과 평화를 사랑했느니
미워할 사람만 미워했느니
그러나 어느 날 오뉴월 우박처럼 원수가 시험을 하는구나
한민족이 한마음 되라고 하늘은 시련을 주는구나

몇 번의 겨울 검풍에 온 나라 눈 속에 웅크리고
영영 봄은 올 것 같지 않은 언 땅엔 눈발만이 낯설 때
아지랑이처럼 마을마다 낮고 길게 김칫국 냄새 돌아다니고
그제서야 마을에 실핏줄 돌았다

베일 듯 매운 김치 몇 점으로 벼른 단칼로

논개 남강으로 나간 날
하늘이 시키고 땅이 채찍질하던 역사를 견뎌내고
세상에 김치를 먹이고 김치 정신을 가르친다
반만년 발효했던 김칫국 선홍빛 민족혼이
지구 위에 혈맥처럼 번진다

우리 혈관 속의 반은 김치다

늙은 냉장고

냉장고도 팔순쯤이면 어찌나 잔소리를 하는지
어서 죽어야 한다느니 하며
평생을 대소사 다 챙기던 시엄니 다시 환생해
오랜 해수기침 멈추지 못할 땐 금세 숨 떨어질 것 같다

중천에서 기운 햇살은 봄꽃 지듯
아궁이 속에 떨어지고 평생을 외곬으로 산
저녁쯤은 더 등 굽어
뽀오얀 포플러 길 먼지 묻어 있고
살며 궁시렁거리는 소리는 굿거리장단쯤
누구 대신 말 들어주는 소 여물통, 함지박
지게 작대기의 생애는 결 따라 따스한 피 돌았고
말 줄임의 깊은 손때는 윤택했다

평생 청춘인 북극성이 부지깽이에 푸른 불꽃으로 일어도
이제 낡고 해진 먼 길이 숯불처럼 사그라져도 좋을
언 몸이 녹아드는 한겨울
건넛방에선 떠난 식구들이 두런거릴 때

대청의 늙은 냉장고 끙 하며 돌아눕고
떠날 것들로 아슬하고 아득한 겨울 밤하늘
세상 사는 일 늙은 냉장고 하나도
이별할 일로 꿈자리 뒤숭숭할 때
청천 하늘의 모래알 같은 별 하나
소리 없이 먼저 생애를 마친다

새

새 한 마리 높은 나무 우듬지에 앉아 있다 돌멩이 같은 바람에 온몸이 멍투성이지만
가장 꼭대기에 앉아 더 높은 곳을 응시한다

광풍은 새들의 운명이다
바람이 잦아들든가 비에 젖어 떨어지든가

새는 높이 난다
그래서 묘지가 없다
멀리 나는 허공은 가시밭길이라
날다가 깃털 한 움큼으로 흩어져 갈 뿐
나는 것들의 죽음은 그런 것이라고
늘 유서 사이의 가파른 길을 날며
양 날개가 생과 사이다

새는 평생을 한 옷을 입고 산다
흰 무명색이거나 잿빛이며
그 색이 핏빛으로 물들고 찢어져도 상복이므로

저미듯 내리던 소나기 끝이 나면
나무 밑엔 새들의 꺾인 날개와 깃털이 있다
새들이 새끼를 얼마나 잃는지 신만이 아신다

햇살이 나무 풀들의 뼈까지 비출 때
새들도 사람처럼 생애 몇 번뿐인 소리로
온 산의 나뭇잎들과 합창하는
새들의 장례식이 있으나 곡소리는 없다
오직 영혼이 비친 이슬 몇 방울뿐

새들의 고운 노래는 회다지 소리이고
새들의 삶은 목소리를 죽을 때까지 다듬는 일이며
기어이 득음해 천상과 지상을 연결해주는 것이다

오래된 단풍나무

아주 오래된 밥상에 아내와 결국은 둘이 앉아
옛날이야기처럼 치렁치렁한 무청 넣고
유행가 가락처럼 풀려나오는 된장국 풀어
송사리 노는 시냇물 소리 듣듯 끓여놓고
늦은 저녁쯤은 다 속이 편한 것이 좋은지
열 가지 걱정들이 늘어 먹던 누룽지도 끓여
예닐곱 살 딸아이 봉숭아 볼 색 같던 겉절이 한 접시

어느새 아버지 아 국은 왜 안 끓였어 하고
고운 때 묻은 잔주름 이마 위 몇 올 머리칼
외할머니 닮은 어머니 뭐라 대꾸하는 소리
왜 국 없으면 밥 못 먹을까 이상한 나와
이렇게 어느새 겸상이 되었는데
결국은 아버지 밥상을 엎었고
아버지의 노후처럼 에구구 뒹구는 허연 밥사발
그때 대문간 누렇게 시든 햇볕 사이로
대낮부터 놀러온 고주망태 아버지 친구
저 오래된 단풍나무 한 그루

오래된 봄

검버섯 얼굴에 바른 들뜬 분
분·분·히 날리는 늙은 벚나무
누가 낮술이라도 드렸는지 점·점·점 봄 얘기를 하는데
도저히 믿지 못할 일 그 노인 잠시 생리혈이라도 도는가
목소리마저 봄 새소리로 구르고 평생의 화려한 때와
가장 예뻤던 순간이 사방까지 환해지고 기뻐지는데
자꾸 얘기에 빠지다 보면 사월 하루가 구렁이 담 넘듯 한
뼘 남았다
꽃잎 속에 빠져 해 지는 줄 모르고
노인의 반짝거리는 열일곱쯤 속으로 자꾸 빠져들어
오래 말·걸·고·싶·다
잠시 꽃이 된 세월이 가만히 우릴 잡아 오늘 같은 날은
듣·고·만·싶·다
열꽃이 전염병처럼 퍼진 할머니 나무 잠시 졸 때
등 쪽에 숨은 갈라지고 튼 검은 가죽이
만 잎 수십만 잎 봄의 파편들로 날리는
그 한때 일장춘몽

식물도 사람과 같아서

꽃대궁 한창 달린 수국을
모가지를 꺾어 이식해놓는 것을 보며
이렇게 심어놓아도 살아나나요? 물어보니
잘 살아난다고 한다
지난겨울에 애지중지 길러온 행운목을
뿌리째 옮겨 심어놓고
화분에 이사한 날짜도 적어놓고
귀한 꽃이 피면 이날을 기억하리라 했는데
시들시들하더니 죽어버렸다
식물도 사람과 같아요
추울 때 옮기면 추위도 많이 타고
이사 몸살도 한답니다
꽃집 예쁜 아가씨는 산들바람처럼 얘기를 해주었다
오월이나 돼야 몸을 옮길 수 있는 것을
빈 화분을 들어내던 밤은
잠을 이루지 못했다
장애인센터 개소식 때 들어온
초롱초롱한 보랏빛 꽃을 단 난초가

눈부심이 슬슬 사라지기에
살려보려고 무슨 좋은 수가 없나
꽃집에 들고 가서
얘를 어쩌면 좋아요? 물었더니
버리세요.
꽃집 아가씨는
멀어진 애인처럼 말을 한다
개소식을 축하합니다 비문이 달린
말라버린 난초 무덤 곁
수국이 봄을 기다리고 있다

달빛 영혼

눈이 오지 않는 이 따스한 섬에서
보름 달빛이 유유히 흐르는 밤바다에서
증인도 없이 달빛과 영혼을 주고받았다

일방적인 거래였지만
달의 투명한 영혼은
밤바다 위를 걸어 나에게 왔고
내 영혼은 파도를 타고 달에게 날아갔다

달빛은 누구나 걸칠 수 있지만
보름 달빛을 둘둘 말아 누워보지 못한 사람은
달의 영혼이 얼마나 따스한지 모른다

따스했던 하룻밤의 기억이
달빛을 사모하게 된 것인지
달빛이 나를 그리워하게 되었는지
알 수 없는 일이지만

눈이 내리지 않는 섬에서
눈을 기다리지 않아도 될 이유가 있다면
폭설 같은 보름 달빛 때문이리라

보름 달빛이 써놓은 일기를
밤바다 위에서 읽은 적이 있는가

오늘도 달빛으로 된 내 영혼이
밤바다를 유유히 항해하며
일기를 쓰고 있다

쓸쓸한 물음

흙으로 돌아간 너를 배웅하기 위해 간
장례식장에서 길을 잃은 나는
막다른 곳에서 주인을 기다리며 쌓여 있는
나무 관을 보았어
소스라치게 놀란 것은 오히려 너였을까
내가 왜 이렇게 죽어야 하느냐고
창밖 나무들이 태풍에 맞서 싸우던 날
호스피스 병동에서 둥둥 떠다니던 너의 물음을
뚜벅뚜벅 돌아가 수의를 입고 관에 누워보았다면
대답할 수 있었을까

비가 내리는지
비가 그쳤는지
비의 안부를 묻던 내게
일어나서 네 눈으로 볼 날이 올 거야
빨리 일어나서 네 눈으로 봐야지
정직하지 못했던 그 우울한 대답이
부스러진 너의 싸늘하고도 복스러운 귓가에

윙윙 떠돌아다니는 걸 보았네

장맛비 그치고
너의 장례식 날 다시 돌아와
개망초꽃 별처럼 쏟아진
너의 무덤을 찾았네
수의를 입고 뚜벅뚜벅 무덤을 열고 들어가
꽃이 되어버린 너의 귓가에 물어보네
너는 왜 이렇게 가버렸는지
나는 왜 이렇게 오래 사는지

자궁

수많은 꽈리들이 얽혀 꿈틀거리는 곳
그곳을 탐사하러 들어갔다
나온 기계는 아무런 이상을 발견하지 못했다
이틀 꼬박 숨 쉬는 것과 맞물려 삐거덕거리던
꽈리의 한 줄기
턱 밑 수염과 잘 어울리는 머리색을 한
의사는
마음을 편하게 하세요
스트레스 받는 일이 있나요
이 말을 하기 위해 그 자리에 앉아 있는 듯
보였다
대기실 의자에 누워 있던 그 여인
피를 뽑다가 피를 흘리고 있는 나에게
의사처럼 말을 건넨다
병원도 하도 많이 오니까
내가 더 잘 알아요
그리고 다시 쓰러진다
이번 여름엔 당신의 운명을 바꾸세요

다이어트 주사 한 방이면 해결됩니다
예쁜 피오피 글자로 쓴 광고
하얀 목련이 걸려 있는 창가
여인의 등이 한 번 더 꼬이고
주사 한 방이면 바꿀 눈부신 봄날도
자꾸만 꼬여가고 있다

장미 별자리

꽃술을 스친 바람의 소문에 의하면
꽃이 죽으면 그 영혼이 하늘로 간단다
그곳에도 명당이 있어 명당에 잠든 꽃이라야
밤마다 반짝거리는 거란다
별빛 하나 기웃거리지 않던 골방에
지난여름부터 별이 하나 둘 뜨기 시작하였다
그리움의 샛별 떠오른 밤마다 눈으로 세어보다가
새벽이면 그 빛에 눈 멀어버리고
꽃은 송이로 세는 것이 아니라 향기로 세는 것이라며
전해주던 빨간 장미 한 다발은
매캐한 골방이 마치 명당이라도 되는 듯
반짝거리며 별자리 하나를 만든 것이다

그리운 눈썹

먼 산을 보듯 얼핏
너를 보면
내 모든 그리움은
네 눈썹에 있는 것만 같다

나무를 버린 잎

나무
당신에게서 버림을 받았습니다.
여름, 비바람 속에서도
살을 데이는 뙤약볕 속에서도
살랑대는 따스한 손길,
당신의 살 내음 속에 살아온 세월
오롯이 버려졌습니다.
그러나
못내 아쉬워 당신 버리지 못하고
그늘 아래 맴돌며 하늘
집착을 버리지 못해 쌓여만 갑니다.

나무
나는 당신을 버렸습니다.
꿈을 꾸지 못하는 일상
버리고 싶어 손을 놓았습니다
버려지지 않고 버려버리니
미련을 켜켜이 접어놓습니다.

바람에
새 세상을 찾아 떠나는 두려움일랑 말려버리고
또 다른 낙엽이 당신을 버리며 메말라
나를 따르는 꿈을 꾸는
세상 속으로 떠나갑니다.
봄빛 찾아 떠나갑니다.

가을 참옻나무

가을 참옻나무는
첫사랑의
입맞춤 같은 달아오름
떨림으로
가슴 가득
저녁놀 품어 안고
산자락에 수줍음으로 돌아앉는다.

가장 먼저 가을을 고백하며
산자락에 열병처럼 돌아앉는다.

사랑 연습

하늘에는 바람도, 별도 한 점 없다
무언지 잔뜩 그리운 밤
나는 무감이 잠을 이룰 수 없다
알 수 없는 누구인가를 찾아
생각 가는 곳으로
기억 속의 기억 밖의 사람을 찾아서
온몸에 전율로 나를 버리면
오지 않을 것을 미리 알고
오기만을 기다리는 마음은 허공에
이 사람 저 사람
사람으로 다가오다 멀어져가는 혼미한 기억 속
눈매 가득 서린 슬픔으로
바람에 쓰러진 창포 같은 사람이 온다
나는 그의 편안한 품이고 싶어진다
희망이요 웃음이고 싶어진다
하나의 의미를 둔 사랑이고 싶어진다
그러다 허공중에 흩어지는 이름이 된다
외로움이 된다

동백

남은 온기마저
시베리아 칼바람에 짓눌리고 베어지고
그래도 숲길 따라
피멍울 부풀어 피어나던 꽃
그리움 아련하여
마음에 남아 있는 듯 아닌 듯
억누른 설움이 이별의 끝자락을 붙들고
기어이 붉은 꽃잎을 뿌린다
누구도 범치 않은 눈밭 위에
남 먼저 피어나 오래도록 웃다가
시름시름 지는 마음을 뿌린다

플라타너스

자, 이제는 옷을 벗자
지난여름의 온갖 거짓과 허영
하나 둘 버리자
겨울 찬바람에 머리채 잡히고
정강이 채이기 전에
이제 그만 옷을 벗자
달빛 아래 드러낸
너와 나의 하얀 속살 마주하며
세상을 얘기하고 사랑을 얘기하며
소곤소곤 가을을 건너
화로에 군밤 튀는 소리 아련한
겨울로 가자
이제 그만 더 가지려 하지도 말고
바람에 억새꽃 흩날리는 곳에
나를 버려두고 가자

#_2

베니스에서 길을 잃다

길을 건너는 사람들이 있다
나도 그중에 하나,

건너온 길과 건너간 길 사이
온갖 암호처럼 얽힌 길과 씨름을 하다
뒤돌아온 길을 바라다보면

어디서 길을 잃었는지 무엇이 잘못되었는지
그러다 어쩌다 여기까지 흘러왔는지 되묻게 된다

기억이 나를 기억하지 못했거나
길 위에서 물결이 되어버렸거나

오늘을 위해 기억해둔 시간과 장소는 어제의 일이 되어 사라지고
문득 이 모든 일이 무엇을 위한 것이었는지 혹은
이다음은 무엇인가 하는 생각을 하게 된다

길을 걷지 않아도 시간은 흘러가고
그 시간이 나를 다시 길로 밀어내는
거대한 순환 속 그 길 위의 작은 돌멩이

그건 칼레 아그넬로나 코르테 로타,
낯선 길 이름을 찾는 일이 아니라
이 길의 어디쯤 나를 놓아두어야 하는가에 대한 질문

이정표도 없는 덩그런 길에 사람들 바삐 지나가고
그게 어제인지 엊그제인지

그저 어디쯤에서 내가
길 위에 줄기가 되고 뿌리가 될지
먼 길 눈길로 가늠해볼 뿐

공무도하가(公無渡河歌)

검은 새들은 검은 강에 와 죽는다
새들의 죽음은 이미 꽃의 기억을 가졌으니
봉분도 없는 보랏빛은 현호색의 기억이다
검은 강엔 햇살도 내려와 앉지 않기에
작약하는 일렁임도 없어
현호색 빗살무늬 잎은 절벽의 높이만큼 반짝거리며
검은 강을 건너간다
저 강의 무늬는 그런 현호색의 잎이
만들어낸 것,
슬픔은 언제나 빗살무늬를 따라간다

꽃이 진 자리의 초록은
슬픔보다 더 깊다
종족의 번성은 끝났으므로
새들은 나뭇가지 위에 앉아
겨운 햇살을 맞으며 졸고 있다
생의 방향은 진화의 틀에 맞춰진 것,
보라색 날개의 깃털들이

점점 붉은색으로 흔들리는 건
더 이상 날아갈 수 없는 비애에 대한 보호색이다
죽음은 또 다른 길로 가는 갈림길,
그대를 감춘 저 물길 속 무늬는
그대 슬픔의 보호색이다
빗살무늬를 디딘 현호색 꽃잎처럼
그대도 그저 저 강을 건넜으리

서러운 것은 그대가 아니라 저 강의 쉼 없는 물결,
검은 물이 비애가 아니듯
죽음은 현호색 꽃잎과 닮아 있다

달팽이

길이 굽어 멀리 돌아가는 게 수고로웠다
백년이나 천년이 걸릴지도 모르겠다는 걱정이 들기도 했고
우둔한 시간이라고 사람들이 말하는 게 일부러 들리기도 했지만
그것이 내가 가는 길 사이와 사이에 끼어 있는
잃어버린 시간 때문은 아니리라 위안을 했다

파란만장(波瀾萬丈),

천천히 흐른다고 파도가 아닌 것도 아니고
우둔한 삶이라고 무의미한 것도 아니라고
너는 달팽이처럼 울었다
느린 걸음으로 땅을 쓸어가며
기나긴 시간의 행렬을 따라가는 순례의 의미가
내가 의지하고 부르는 노래처럼 아니면
네가 동그랗게 말아놓은 집과 함께
어디쯤 소금의 시간이 될 때가 있을 것이라고 너는 말한다
그때까지 땅과 바람과 길은 내 곁에 있을 테고

그리하여 내가 집을 얻고 네가 노래를 하게 될 때
거대한 여울이 만장(挽章)처럼 휘날리는
격렬한 부드러움,
그런 시간이 올 것임을

나는
안다

언어를 잃어버린 시절

늦가을 한 사내가 찬 기운을 헤집으며
내 잠 속으로 걸어 들어와
머리를 가지고 가버렸다
노래를 해, 어쩔 수 없이 슬퍼질 테니까
그가 가지고 간 머리가 그렇게 말했었다
자근자근 뿔피리 소리가 들려왔다

애초부터 머리 같은 게 필요 없을는지도 몰랐다
거대한 공중(空中)도, 노래하는 폭풍도 없는 진공 속에서
다만 움직이는 것은 고요한 시간의 이랑,
시간이 일러주는 대로 머리카락은 자라나
더딘 시간을 헤집어놓는다

나는 말을 잊었다
수사(修辭)의 언덕과 비유의 길들도
머리와 함께 사라졌으니
이제 저 피범벅이 된 몸뚱이와
남은 물길을 흘러가는 것만이

내 일이다

죽을 수 없을 것만 같았다

첫사랑

목련이 있던 자리,
내가 돌아가야 했던 자리

모아두었던 검은 흙
두 발을 묻고 내가 지나온 길

떠내려 온 시간들 줄기가 되고
가슴속 오랜 기억이 길러낸

동그란 꽃씨
하늘로 날아올라
바람 속에 몸을 맡기는 일

네게로 가는 사랑을 막고 서서
울먹이며 두 눈 부릅뜨고
날 달래는 일,

목련의 일

달팽이의 집

누가 꽃에다 상여를 달아놓았을까
비척이며 지하도를 건너 한 사내가 위태롭게 지하철을 타네
그가 여민 어둠이 지하철 객차를 어둠을 덥히네
연분홍 먼지와 칠보의 악취가 그를 따라왔네
싸구려 슬리퍼를 벗고는 그가 쓰러져 우네
거친 수염과 야윈 얼룩이 눈물을 따라 흐르네
술패랭이 붉은 꽃잎이 그의 눈가를 덮네
누구도 사내를 지키지 않았지만
이 오랜 밤의 기슭은 그를 비탈 위에 올려놓았을지도 모를
일
사내가 비척거리며 일어나 지하철을 내리네
어둠이 그와 함께 내리네
저 사람은 어둠인가 봐, 누군가 속삭이네
새는 부레를 감추고 날아가네
오랜 가로등의 희미한 빛처럼

저녁 무렵 집으로 돌아오다

누가 내게서 오래 저물다 가는가
왼쪽 뺨을 스치며 찬바람 한 줄기 지난다
별빛들이 자기 몸을 부수는 거란다,
할머니가 말씀하실 때는
빨간 석류가 담 밖으로 얼굴을 내밀고 있는 계절이었다
마음이 선뜻 가지 못하던 자리에
유년의 이름이 곧게 내렸다
알 수 없던 날들의 반성이 엇갈리며
발자국들이 서성거렸지만
지금은 먼 곳에 젖은 종소리가 더 푸르렀다
저녁을 닫아거는 집집의 창문마다
둥글게 퍼지던 등불의 환한 목소리

동백

발끝에 차이는 햇살을
모질게 바라보면
천천히
봄은 왔다
아무리 먼 길을 돌았어도
제가 내릴 땅쯤은 잊지 못하는지
동백꽃 가는 그늘에도 서먹하게 빛들은 쌓였다
햇빛들 동백의 어깨를 흔들 때마다
모가지를 똑똑 엎었던 붉은 몰골, 옆으로
한 시절
영문 없이 붙잡고
울고 싶은 생들
흔들리고 있었다
찬란(燦爛)을 버리고,

붉은 生에 대한 회고

살아생전 진실을 고백해보지 않은 생들은
붉은 살을 갖는다
오래 비어 있던 목제 의자엔 네가 두고 간 저녁이
홈마다 발을 겹질리다
붉은 창문을 켜놓곤 했다
하루를 몇 줄의 겹문장으로 요약한 길에서
분주하게 하루를 접는 사물의 기척을
기약도 없이 지워버리면
삶은 견딜 만한 슬픔과도 같은 것일까,

돌아오지 못한 소리들이 등을 켰다
가장 최근의 기다림이 등불의 밝기를 결정했고
등불의 밝기는 그림자 길이로 저장되기도 했다
새들이 여린 파열음으로 기류를 타고 오르고
꽃밭에 장미들이 흔들렸다
차츰 세상의 윤곽들이 희미해질 때면
평생을 하나의 색채(色彩)로만 저무는 생애가
자욱해지곤 했다

목련이 필 때면

막다른 골목을 돌아설 때면
불현듯 네가 오는 소리가 들렸다

창을 열면
무더기로 쏟아지던 햇살에 그리움의 물집이 터지고
너는 불우한 약속처럼 돌아왔다
이처럼 어설픈 아픔도 그리움이 될 수 있는가,
일찍이 어떤 아픔은 흉터처럼 또렷해서
상처나 기쁨이 되기도 했다

나는 자주 돌아오는 것에 대한 확신이 없었다
봄에 피는 꽃들은 무슨 소리로 말할 수 있는 걸까,

한밤중이 지나면 소문처럼 네가 피었다
네가 그리울 때만 나는 환했다

외출
—김광석의 환생을 보고

철 지난 양복이더군
여전히 허름한 옷을 추억처럼 걸쳐 입고 자네,
오래된 삽화 같은 창신동 고갯길을 걸어가고 있더군
누구도 가벼운 자네의 기척을 신경 쓰지 않았지
자네는 다만 모두가 고맙고 모두에게 미안해했지
이십 년 만의 외출에서

'창틈에 기다리던 새벽이 오면'*
사람들은 자네 노랫소리를 들으며
다가올 헤어짐을 짐작하며 슬퍼하더군
노래가 끝나면 자네가 돌아갈 것을
다시 외출할 수 있을까 알 수 없었으므로
노래가 영원히 그치지 않기를 바라고 있더군
자네가 언제 또 바랜 잡지 한 장처럼
나풀나풀 세상을 산책하러 올지 아득했으므로

사람들은 노래가 끝나도 눈을 뜨지 않더군

---

* 김광석의 노래 '잊어야 한다는 마음으로' 가사 중 일부.

남향(南向)으로 둔 화분

낡은 풍경을 지우고 온유한 말들을 품는다 나는 저 화분을 끝내 버리지 못한다 네가 떠난 저녁이 가지런한 불빛들로 웅성거릴 때, 가까이 바라보면 볼수록 아득하던 원형의 어절을,

겨우내 뿌리만 남은 화분 하나 남쪽으로 놓고 살았다 계절이 바뀌면 다시 싹이 돋을까, 분명한 건 제 몸의 그림자뿐인 작은 화분과 한겨울을 보냈다 불현듯 예감한 소식처럼 뿌리가 지켜온 내력이 생소해질 때마다 나는 화분에 물을 주었다 하지만 나는 기억한 내력에 확신이 없었고 물을 줄 때마다 화분 안의 흙들이 발꿈치를 세워 오후의 그늘을 낮은 명도로 줄였다 저녁별 창밖의 언저리를 늘이면 언제나 제 몸을 둥글게 웅크리던 생은 덧없이 흘러간 기억처럼 함부로 상상력을 넓혔다 다 썩어 무게도 없는 내부를 모두 쏟고도 말랑말랑한 침묵으로 가득 찬 화분은 거두지 못한 집착들 이름처럼 부르고 있던 걸까,

오래 접어둔 시간 속에선 아무 소리도 들리지 않았다

뿌리

꽃이 말하기를
길이 부서지는 어디쯤 황금의 사원이 있어
천년의 밝음이 내린다 했다
칠흑의 이 진창, 흙더미가 쏟아질 때마다
손톱 끝 정체불명의 저음이 흘러나온다
언젠가 섬광처럼 피어나던 꽃잎, 밝음도 뭣도 아닌 그저
뜨거워 갈라져버린, 그러나
차가워라
검은 구름과 하얀 비, 푸른 진눈깨비 나리는 허기의 밤
이리 떼의 울음 같은 촉수 비틀어 가닥가닥 얽힌
핏줄을 풀다 보면
보이지
몸 깊숙이 관통해 들어온 빛, 그 빛 지나간 뒤 무수히 일렁이는 안개
외웠던 길 죄다 꽃잎으로 터져버리고
낯선 풍경들이 몽유처럼 떠돈다
황금의 사원은 가도 가도 만나지 못할 거라 했다
길은 붉게 저물고, 저물어 노래가 되겠지만

노래로도 모이지 않는 몸의 폐허
어둠을 열고 고대의 지층에 적힌 생의 적벽을 읽는다
집시여
아무도 그대가 지난 자리 꽃잎으로 울지 못하리라

목련 아래

목련 아래 팬지꽃이
떨어지는 햇볕을 줍고 있다
참새 같은 유치원 꼬마들 발자국이
떼를 지어 꽃술로 모여든다
먼 하늘이 새파랗다
팬지가 젖은 날개를 내어 말리는 한낮
조각난 햇볕을 잇기 위하여 목련 꽃잎은 때 이르게 흩날린다
땅속 팬지의 뿌리가 조금씩 떠오른다
중력도 봄을 타는 거라면
술에 절었다가 마른멸치처럼
푸석해지는 날들쯤 가볍게 견딜 수 있으리라
꽃잎을 향하여 불어오는 바람의 노동
꽝꽝 굳어 화석이 된 팬지의 노란 꿈이
궤도를 잃고
나풀거린다
살다 가끔은 꽃도 나비가 되나
몸에 박혔던 돌들이 그늘 밖으로 환하게 굴러간다

누수

물이 샌다 설비공은 관을 교체해야 한다고 했다 누수는 거짓이 없죠, 가장 낡은 곳이 새거든요 그가 녹슨 관을 가리키며 말한다 화단은 겨울 지나 봄으로 새고 있다 나무는 꽃으로 새고 땅은 풀로 샌다 내 몸에서는 어제 마신 술이 샌다 누수엔 전문가지만 인생이 새는 건 도저히, 그에게서 식초 냄새가 났다 꽃을 주워 먹던 새 한 마리가 거꾸로 새는 법을 보여주며 난다 흙구덩이 안에 차오르는 물, 말없는 나를 한참이나 바라보던 설비공이 흙구덩이를 덮고 가만 돌아선다 내 냄새를 그가 알았을 것이다

김돈수 씨의 전정법

작업은 김돈수 씨와 했다. 그는 무식한 스타일이다. 아니, 깔끔하다 하자. 나뭇잎을 남겨두지 않는 것이 그의 전정법이다. 잘라낸 단풍과 배롱과 은사시나무는 팻말로 그 나무라는 걸 알려줄 뿐이다. 나는, 어쩌면 소심하다. 잎잎이 살아서 말을 거는 것 같아 잘라내기 버겁다. 처음은 그럴 듯하지만 나무는 곧 전정을 하기 전의 모습으로 돌아간다. 무식하게 자르는 것과 소심하게 자르는 것은 어느 쪽이 유효한가. 이 질문엔 함정이 있다. 나는, 맞는가? 라고 물었어야 했다. 어쨌거나 그는 스타일을 고수한 뒤 사라졌고, 나는 소심해진 나무와 깔끔한 나무를 바라본다. 누구는 깔끔해서 좋고 누구는 소심해서 좋다고 한다. 그러는 사이 낙엽이 졌고 눈이 내렸다. 다시 묻는다. 어느 쪽이 맞는가. 작업은 김돈수 씨와 했고 그는 이제 없다. 깔끔과 소심 사이에서 나무는 자라고 잎을 떨구고 눈비를 맞고 지난날을 떠올릴 것이다. 가위를 든 두 사람이 있었다. 그들은 내내 투닥거렸고 가지 사이로 쉿빛 덧날이 들어왔다 사라지곤 했다. 알맞거나 유효한 믿음 위에 날짜가 덧씌워졌다. 무엇이 문제인가. 팻말은 그대로 있고 그들은 언제나 떠나는 쪽이다.

창평국밥

창평국밥에는
소가 울고 간 자국이 있다.
허연 국물 위 눈물처럼 뜬 기름을
휘휘 휘저으면
서로를 부둥켜안고 흘러간 길 보인다.
우렁차게 바깥세상 나와
논밭 갈아엎으며 한살림 꾸리다가
마침내, 한 점 남김없이 다 내어주고 간
소의 길
창평국밥을 앞에 두고 후루룩
젖은 눈발로
소의 한 생 받아 마시다 보면
안다,
삶이란
몸이 흘리는 국물, 혹은
시린 저녁 한 끼의 길
뿐이다.

김 씨의 조선 놈들

일 끝나고 고깃집에서 뉴스를 본다. 화면 가득 쏟아진 모르타르와 휘어진 철근, 현장은 엉망진창이다. 워메저것이머시다냐,하여간에조선놈들은공사띠어줘서는안된다니까.지죽을줄모르고설치다가저리된거아녀. 목수 경력 사십 년짜리 앞에서 십구 년짜리는 듣고만 있다. 그러다 그 말뜻을 생각한다. 〈그러니까 조선 놈들은 시간을 금이라 생각해서 저리 설치고, 김 씨는 금을 돌로 보는구나.〉 대단한 경지다. 나 역시 김 씨가 말하는 그 조선 놈인데… 말없이 고기만 뒤집는다. 셋은 죽고 셋은 살아서 인터뷰… 느닷없이건물이돔시로까라앉던디요. 전문가 인터뷰… 에—지지대가모르타르의하중을못이겨서무너진걸로보입니다. 김 씨가 소주 한 잔을 쪽 빨더니 흥분한다. 아,저거는기리바리를지대로안해불고담바꾸를안땅겨줘서그런거여,저런놈이전문가라고으이그속터져… 역시 김 씨는 고수다. 현장에 안 가봐도 다 안다. 다시 생각한다. 우리는 늘 무너진다. 삶은 거대한 공사판이다. 뭐혀빨리안묵고많이묵어야낼또힘쓰제. 아버지, 오로지 먹고 살기 위해서. 조선 속에 조선. 카,술이맛나네? 금인지 돌인지 깨어지고 엎어지면서도 끝끝내 여기까지 온, 앞뒤 안 재고

몸 박는 김 씨의 무식한 조선 놈들, 만세.

장롱에 대하여

사회간접자본 같은 장롱이
안방에 떡하니 버티고 있을 때
그 집에 대해 믿음이 간다

양가 부모 축복과 친구들 부러움 속에서
혼인이 이루어진 것 같고
말다툼 있어도 시소처럼 수평을 이루어
지속가능한 결혼생활
가족의 발전을 증명하는 균형추 같다

집안의 냉기를 막는 풍채
팔작지붕의 서까래처럼
여물 잘 먹고 대기 중인 황소처럼
선산의 소나무처럼
든든하다

차가 없고 운전 못해도
어느 은행같이 면허증 보관하여

그리하여 내가 집을 얻고 네가 노래를 하게 될 때
거대한 여울이 만장(挽章)처럼 휘날리는
격렬한 부드러움,
그런 시간이 올 것임을

나는
안다

언어를 잃어버린 시절

늦가을 한 사내가 찬 기운을 헤집으며
내 잠 속으로 걸어 들어와
머리를 가지고 가버렸다
노래를 해, 어쩔 수 없이 슬퍼질 테니까
그가 가지고 간 머리가 그렇게 말했었다
자근자근 뿔피리 소리가 들려왔다

애초부터 머리 같은 게 필요 없을는지도 몰랐다
거대한 공중(空中)도, 노래하는 폭풍도 없는 진공 속에서
다만 움직이는 것은 고요한 시간의 이랑,
시간이 일러주는 대로 머리카락은 자라나
더딘 시간을 헤집어놓는다

나는 말을 잊었다
수사(修辭)의 언덕과 비유의 길들도
머리와 함께 사라졌으니
이제 저 피범벅이 된 몸뚱이와
남은 물길을 흘러가는 것만이

주인 안위 도모해주고
쓰나미처럼 대형 손님 스칠 땐
비우는 아량까지 있기도 하다

낡은 귀퉁이
부부 애정 집안 연륜 말해주는데
황혼의 로맨스에 박수 치던 자개 웃는데
찬바람에 떨고 있는 그를 보는 맘을
벽에 찰싹 붙은 재취(再娶)가 알기나 할까

입석

엄마가 토마토 따러 건너가신
냇가에서 돌을 세우며 놀았다
어항에 갈겨니가 꽉 들어찬 것도 몰랐다
미늘이 매달린 나뭇가지 잡고 물 밖으로 달렸다
유리에 움푹 패인 살에다
갑오징어 뼈를 갈아 배불리 먹였다
라면 스프에 홀린 매운탕이 입속을 즐겁게 했다
입석은 물속에 누웠다

어머니는 입석을 좋아하셨다
이십 리 길은 거뜬히 걸어 다녔고
마이크로버스 타고 읍내를 다녀오셨다
가끔 외가 갈 때는 입석을 끊어 기차를 타셨다
어머니에게 자리는
앉는 것이 아니라 바라보는 것이었다

입석이 고장 나기 시작했다
걷기 힘들 정도로

굽은 부분들이 힘을 못 썼다
온몸을 바퀴 삼아
동글동글 굴러다녔다

새들이 우는 곳에
돌 하나 심고 오는 길

껌족과 로맨스

삶의 터전은 온통 봄입니다
그 향기로 탄생시킨 족속
조상은 밀알과 송진
벽에 붙어 화석이 된 아웃사이더
현역들은 뱅가드로 활약하고 있습니다
아파트 또는 캡슐에서 명상하다가
손길 주면 깨어나고
몸에서 뿜어 나오는 퍼퓸을 먹고 살아요

로맨스는 발기된 상태에서 시작합니다
뜨거운 입김에도 대처의 수컷들 걱정하듯
졸아들면서 정 주고 마는 치명성이 있습니다
첫사랑 짝사랑 받아들여도 오입(誤入)은 금기입니다
애무하는 순간 소리를 흘린다거나
체액과 함께 쌍소리 던지는 걸 보아왔기에
성품은 그리 곱지 않습니다
거칠게 다루면 성질부리거나 도망가기도 하고
파트너 연장을 못 쓰게도 하지요

립서비스만 즐겨하는 창조인이여
다시 묻습니다
우리처럼 온전한 사랑하고 있나요?

움직이는 화장대

맨얼굴이 참 예쁘다

자리에 앉은 여자는 가방에서 재료를 꺼냈다
순서는 잘 모르지만
하얀 종이에 그리기 하는 것처럼
자신 얼굴을 다른 사람으로 만들고 있었다
가재도 살 만큼 깨끗한 물에다 돌 던지듯
아기 얼굴에 분 바르듯

일터로 향하는 여인 배웅하고
양지바른 댓돌에서 놀던
크림통과 구찌베니가 스쳐간다

화장기 없던 버스 안내양의 오라이처럼
한번쯤 겁을 주는 브레이크 소리

본래의 자기가 되었다가
일그러진 얼굴로 돌아온다

남은 부분은
땅속에서 마무리하겠지

흔들리는 솜씨들 장하다

어디서든
전투준비를 해야 사는 세상

김밥천국

김밥이 죽으면 어디로 가나
라는 유머를 알지만
그래서 찾은 건 아니다

암행어사 출두 직전이든지
종갓집 잔치에서나 나올 법한
그 많은 종류의 음식을 시켜 맛보자 함은
더욱 아니다

연변 아줌마 궁둥이가 맘에 든다거나
업주 얼굴 한번 보겠다 들른 것은
더더욱 아니다

해와 달 저글링 하는 동안
멈추면 끝인 기계와 함께 돌고 돌아
기름 치지 않으면 멎을 것 같아서
집에는 없는 서비스가 있어서
엽차가 따스하게 반겨서

김밥 한 줄에 라면으로
풍성한 식단이 놓인 새벽

살아있지만
잠시 천국에 온 것이 맞다

하마의 소통

물 먹는 하마를 집 군데군데
풀어놓았다
터줏대감과 얼마나 잘 통하고
허풍선처럼 이바구를 떨었는지
보름 만에 잔뜩 취해서
눌러앉고 싶다 한다

술 먹는 하마는 구석구석
풀어져 있었다
서먹서먹해지다가
채우면 채울수록 비어갈 뿐
이웃 하마가 추파 던져도 말머리 돌리고
낟알기를 세곤 한다

비둘기는 잘 버티고 있을까

천장에는 날고 싶은 말풍선 여럿

돈 먹는 하마가 날아든다

마지막으로
새우깡이 발견되었다

매듭달, 비자 숲 이야기

제주도 비자나무 숲을 걷다가
바다를 넘어온 그가
내 안에 들어선 밤

꽂꽂해진 몸이
우뚝
용두암이 되다

시샘달, 삼천포는 섹시해

유랑 길에 삼천포 어시장에 가서 비린내를 맡다가
돌아와 이월에 생리하다 문득
코에 스미는 피비린내에 삼천포가 딸려온다
다달이 내가 쏟아낸 것들이
삼천포의 저 투명한 물고기들의 혈액이었을까
생리가 풍기는 비린내를 맡으니
걸핏하면 나를 삼천포로 끌어가던 사내, 생각난다
삼천포에 가면 해저터널이 없어도 물속으로
나를 데리고 갈 줄 알던 사내가 있었다
삼천포에 가면 물속에 나만 잠겨놓고 저 혼자
용궁으로 가버리는 사내가 있었다

누리달, 삼척 엘레지

삼척 사람들은
'산불조심'이라고
어귀마다 팻말을 심어놓고
어디로 다들 가신 건가

지붕 낮은 집마다 손님이 앉았던 방석 같은
가오리들만 줄줄이 내다 걸어두고
왜 안 뵈시나
살다 지쳐 환선굴 들어가셨나
그믐계를 모아 환선굴 드나드시며
살까 말까
또 한 번 고민해보고
더러는 이승으로 돌아오고
더러는 환선굴을 건너 저승으로
아주 가버렸나

허둥대고 돌아와야 할 안방마다
산이 들앉아서 사람인 척하는 곳

기차 타고 신기역 지나 동해 닿기 전에
빈집 늘어나는 삼척 지날 땐
눈감고, 턱 고이고, 공연히
나는 죽은 척

견우직녀달, 상원사 적멸보궁

내 나이 서른 몇에
남편 따라
산행 길에 우연히 들러봤던
오대산 상원사 적멸보궁

적멸이 무언지 알지 못하던 그 나이에
반눈에도 차지 않던 그 빈곤한 암자가
남편 먼저 적멸로 가고 십수 년
남대천 가로막혀 적멸로 못 가니
요즘은 그리운 대궐만 같아

여자란 나룻배라, 남대천을 거스르려 몇 차례
이 몸 저어줄 사공을 바꿔 봐도
적멸은 뵈지 않더라
남대천 탓도, 사공 탓도 할 게 아니지

세상 모든 강들은 적멸로 향하는데
무시로 휘도는 내 안의 미친 강

이 몸 말라 타기 전엔
적멸 가는 길, 차마 없지

타오름달, 나는 자은 너는 암태

밋밋한 간척지는 싫다면서
입맛 까다로운 sib새끼들이
깊숙이 섬 사이로 뱃머리를 박는다
거기 자은도, 암태도
초록의 브래지어 사이로 쉼 없이 들고나는 배낭들
뒤섞이는 어제그제와 오늘, 오늘
파도는 연거푸 절정이다
종일 몸이 젖어 허연 거품을 뱉고 또 뱉는다

자네도 며칠, 섬에 가서 뒹굴 거라고?
그러나 모래밭 정사로 별빛에 두 몸이 흠뻑 젖더라도
노곤한 섬에게 처녀성만은 캐묻지 마라
팔베개를 해주어도 섬이 네게 잠겨들 리 없다
결국은 섬이다
서글픔이다

열매달, 황지연못

태백에 갔다가 내 눈물샘이
여기였다는 걸 처음 알았다. 열너댓
노을 지던 구포 강둑에서 잃어버린
그 손수건이 훨훨훨 인도양 피피섬으로 날려가고
해일에 파묻힌 피피섬에서 아주
잠자리 화석이 되어버린
스무 살 그리고 서른 마흔

한 번도 살아보지 않은 태백
태백의 황지연못이
내 청춘의 눈물샘이었더라니
이제 나는 쉰도 넘고 예순도 건너가네
충청도 미호천까지 흘러와 해마다
내 나이 한 살씩을 꼭 떠먹여주는
황지연못
생애의 참 맑은 젖꼭지 하나

#3

봄 산

봄 직전의 산 빛깔에 대해 나는 말하지 못하네
그 적요 속의 와글거림에 대해
바삭바삭한 몸이 축축해지는 것에 대해 발설할 수 없네
검은 갈색의 호두처럼 나도 검은 갈색이네*
숨죽여 은밀한 시간을 건너는 동안
검은 가지 속으로 물이 흐르고
산발치 무덤가 생강나무 별빛으로 환해지네
마른 낙엽을 헤치고 나온 노루귀
귀를 쫑긋거리고, 애기괭이눈
젖은 그늘을 따라 눈을 뜨네
버드나무 가지 푸릇한 속살이 차오르고
귀룽나무 잎 피는 사이
염문을 퍼트리며 화색이 도는 봄, 산
밤이 이슥토록 꽃무늬 융 조각을 잇대어 개짐을 만드네
아직 초록의 백 가지 이름은 다 짓지 못했네

---

*독일 민요 가사, 옛 상징에서 갈색은 여성의 색, 은밀한 사랑, 땅의 색을 의미함.

화살나무

둥근 지붕을 이루며 뻗은 가지마다
작고 동그란 잎들이 붉다
심중에 꽂힌 화살에 퉁겨 오른 핏방울인가
내뻗은 가지마다 날개가 돋아
온몸 화살이 되어 겨냥한 것이
제 붉은 마음속이었다니,
눈 속의 실핏줄 터질 듯 타오르고
팽팽하게 당겨진 시간의 올
툭, 끊어진다
바람이 훑고 가는 화살나무
붉는 잎들,
화르르 쏟아져 내리고

봄, 눈총을 맞다

'보다'에서 온 이름
봄
천지간 가득한 눈들이
한꺼번에 눈을 떠
봄은 온다

쌀알 같은 잎눈
수수 알 같은
콩알 같은 꽃눈
눈꺼풀 밀어 올리는 소리
왁자하다

봄 만나러 갔다가
수천 발 쏟아지는 눈총을 맞아
숭숭 뚫린 구멍 속으로
간지러운 햇발
찰찰 불어오는 바람
헤헤거리며 넘나든다

머잖아 이 몸
부끄럼도 없이 환한 꽃숭어리
환장하게 밀어 올리겠다

그늘 한 평을 읽다

배롱나무 붉은 꽃그늘 아래
할머니들 둘러앉아 호호거린다
꽃그늘이 흔들릴 때마다
검버섯 핀 얼굴 가득 주름이 일렁인다
곱슬곱슬 머리칼 위로
곱슬곱슬 붉은 꽃이 진다

할머니들 호호거리는 웃음 사이로
부음처럼
배롱나무 흰 꽃이 진다

배롱나무 붉은 꽃그늘 아래
나무 수국, 수북하니
젖빛 향내를 풀어놓는다
할머니들 호호거리는 웃음소리
우르르 몰려들어
치렁치렁 하얀 꽃무덤을 매단다

담

청댕이 고개 너머
복사꽃, 배꽃 만발하던 언덕배기
상추, 고추, 들깨, 참깨가
자라던 밭 가장자리
높이를 가늠할 수 없는
함석 담장이 섰다
세상을 떠돌던
공기와 소리와 빛깔이
담장을 타고 미끄러져 내린다
몇 번의 계절이 바뀌고
얼룩진 담장이 사라진 자리
꽃향기와 흙냄새, 새들의 지저귐이
아로새겨진 캐슬랜드!
천 개의 담으로
빗장을 걸고
우뚝하니 섰다

그녀의 사랑법
—꿈길

그녀는 그만 본다
그녀의 시선에 당겨진 그가 웃는다
웃음소리가 들린 듯했는데
어느새 그가 없다
보퉁이를 안고 그를 찾아간다
가는 길이 멀다 길이 끝난 곳
파도가 일렁이는 푸른 바다 속으로
거침없이 걸어 들어간다
저기 바다 끝에는 그가 사는 집이 있다
찰방찰방 그녀의 젖은 걸음이 빨라진다
햇빛 쏟아지는 바닷가
그가 그녀를 부른다
환희에 떨며 금방이라도
터져 나올 것 같은 웃음을 참으며
모른 척 등에 꽂히는 그의 시선을 당기며
한참을 걸어가다 멈춰 선다
건들건들 휘파람을 불며 그가 온다
검푸른 하늘 가득 별들이 총총 박혀 있다

별밤의 화산,
붉은 새 한 마리
별밭을 뚫고 솟구쳐 오른다

니르바나로 가는 길

오솔길을 따라 이어지는 길에
자동차를 밀어내는 숲길이 끝없이 달리고
안개를 몰고 가는 사람들 사이로
길의 경계를 지우며 가는 여행자
햇볕이 안개를 걷어버리고 길을 열자
새들의 그림자가 길에 먼저 들어선다
길 밖으로 풀과 돌과 꽃과 들판이 펼쳐진 너머로
마을을 산이 휘둘러 감싸고 있다
한 걸음 걸으며 눈을 감자
산과 들판과 마을과 길과 새와 햇볕과 자동차와 담장이 지워지고
한 걸음 걸으며 눈을 뜨자
담장과 자동차와 햇볕과 새와 길과 마을과 들판과 산이 나타난다
여행자 스스로 펼쳐놓은 길을 하염없이 걷고 있다

다시 길을 걷는다
능소화가 담장 밖으로 지나간다

능소화 꽃송이들 하늘에 걸려 펄럭이는 바람소리
꽃나팔에 향기 실려 땅으로 하늘로 뿜어댄다
귀 기울여 듣고 보고 냄새 맡으며 길을 가는 이
가도 가도 끝나지 않는 길을 걷는다
한 걸음 한 걸음 걸을 때마다 지워지는 길을
눈과 귀와 입과 코와 의식과 언어를 지우며
왔던 길을 되돌아간다

거울 영화

나는 나의 무게를 감지하지 못한다
생성했다가 소멸하는

몸이 사라지고 호흡만이 떠도는 곳
또 태어나려고 몸살을 앓는 곳
삶과 죽음의 경계를 넘나드는 야릇한
생명의 바다에서 손발을 허우적거린다

이곳이 어디란 말인가
물고기가 날아다니는 숲
봉분이 열리는 바다, 불길 속에 영혼이
혹은 어린아이가 태양과 마주서 있는
늙은이가 가던 길을 뒤돌아보는
사람과 주검이 어깨동무하고 부유하는

수천수만 번의 태어남을 끝내고 싶어
자신도 언어도 열망도 의식도 지워나간다
거듭나는 거울 속의 눈을 자세히 바라보니

내가 펼치는 세상에 비디오 카메라가 돌아간다
거울 영사기에 비친 영화가 상영 중이다
스크린 앞에 홀로그램이 이 순간을 만들고 있다

홀로그램, 하루하루

문을 닫는다 현관으로 따라 들어오는 그림자 하루 힘을 다 쓰고 옷걸이에 걸리며 줄어든다 세면대에 얼굴을 씻는 소리가 또 나를 줄인다 수건을 들고 따라 서 있는 그림자 어제와 다를 게 없는 오늘 이 순간이다 일은 무슨 일이 있었겠느냐고 발가락으로 오디오 전원을 탁 누른다 순위가 안내되는 음악이 그림자를 일순간 흔들어놓는다 흥얼거리며 냉장고 문을 열어 반찬을 꺼내고 국을 데워 저녁식사 준비를 한다 마주한 거울 속 얼굴이 낯설다 이름표를 붙이고 나열한 책장의 혼미한 문자들이 뒤죽박죽 공중으로 튀어나와 굴 러 나 뒹군 다 헛배가 불러온다 천장 위에선 발들이 뛰어다니는 아파트의 저녁이다 어제도 오늘도 똑같은 저녁시간에 TV를 켠다 일상의 필수품이라는 휴대폰 광고 후 웃고 울고 화내는 드라마와 새로울 게 없는 뉴스들이 반복된다 리모컨을 눌러 끄는 그림자가 책을 꺼내 내게 던진다 책을 읽다 말다 인터넷을 클릭하여 블로그에서 하루를 기록한다 전등을 끄자 숨어버린 그림자가 잠자리로 향하는 나보다 먼저 누워 중얼거린다 그 소리 귀 기울이다 보면 나는 또 줄어든다 이불이 몹시 크다 그림자는 꿈속으로 들어간다

꿈에서인지 현실에서인지 어딘가로부터 알람 소리 들리고 순식간에 광명이 비친다

물방울 집

연잎에 비가 달려오자마자

이파리에서 통통통 공중에 튀어 올랐다가

또르르 앉더니 놀라 연밭을 둘러본다.

빗방울 하나하나에 들어앉은 풀잎 연잎 백련 홍련

그 속에 노란 꽃술을 장식한 푸른색 심지가 환하게 빛난다.

대롱대롱 이파리에서 떨어지지 않으려는 물방울이

바람에 펄럭이는 연잎 소리를 머금자

꼼짝하지 않던 대궁이 뿌리에게 어떤 말을 건네는지

꿀벌과 잠자리는 꽃술에 앉아 뭐라고 한참 속삭인다.

단물을 먹고 가는 길에 연 방죽을 둘러보는 벌이

어디로 갈까 공중에 잠깐 멈춰 있는 사이

물안개도 달려와서 나비 몇 마리 데려다 놓았다.

지나가는 행인은 물방울 집으로 들어가 밖을 보고 있다.

거실과 여름

창문을 열고 세차게 들어온 바람이
책상에 놓인 종이더미를 들춰 허공과 바닥으로 날린다
노트북은 한참을 지켜보다가 화면을 꺼버린다
펼쳐진 책은 혼자서 앞으로 뒤로 빠르게 넘긴다
의자는 꼼짝하지 않고 그대로 혼자 서 있다

빗방울이 급작스럽게 창문을 두드린다

커피에 담긴 얼음이 무늬를 만들다 사라지고
접시에 담긴 토막 난 수박은 서로 붙어 있다
선풍기는 혼자 바람을 만들며 사방으로 내뿜는다

바람이 책장 사이까지 파고들다 멈추어
옆에 놓인 액자 사진을 빤히 쳐다보고 있다
보리밭 한가운데 어깨동무한 모녀가
초점을 고정한 채 마주 오는 바람을 맞는다

잠깐 사이 햇빛이 베란다를 건너

거실까지 들어왔다가
슬그머니 나간다

굿모닝 커피

아침마다 나를 부르는 곳
커피 향에 빨려들어 아프리카 여행에 나선다

케냐 에티오피아 예가체프를 지나며 귀가 간지럽다
커피나무 밭에서 검은 손놀림이 급하고 수다스럽다
손가락 사이로 달려 나오는 아낙의 커피체리는 아이들
이런 수확이 아니면 오늘 굶어야 하는 식구들이 줄줄이다
아낙의 이야기 듣는 사이 그 아이들이 내게로 온다

입 안 가득 시고 달고 부드럽게 감치는
블랙커피 한 잔이 블랙홀에 빠뜨린다
안팎으로 퍼지는 기꺼운 중독

테이블에 커피 한 잔이 놓인다
피어오르는 그대의 향기가 나를 잠식한다
먼 눈빛 너머로 이미 이륙해버린
떠나지 않아도 더 멀리 도착해버린 아프리카
그대가 없어도 날마다 좋은 오늘

혼자 마시는 커피가 더 맛있다

천년만년이 지나도 변하지 않을 천연의
이 커피 한 잔을 마시며 하루를 연다
커피 속에 숨은 아낙을 한참 동안 마주한다
내내 몸속을 구르며 노는 아프리카 내 아이들

정구지

죽어야 살아난다
잊혀야 기억난다

베지 않으면
새로워지지 못한다

겨울 까마귀

행운의 새라는 까마귀에게는
행운이 없다

여백을 잃어버린
사람들에게 그는
시체를 뜯어먹고 사는
재수 없는 침입자들에 지나지 않아
쓰레기봉지를 헤집어
먹다 남은 닭뼈를 뒤지고 길거리에 널어
사람이 남긴 것을 샅샅이 보여주는

죽음이 없는
검은 까마귀 떼
어딘가에선 행운의 새
가로등 위에 앉아 맑은 눈을 빛내며
사람과 함께 산다
사람들 쓰레기 위에 그물을 덮었다

12월 31일

갑자기 몹시 오래전에
떠나간 사람들이 그리워졌다
눈이 되지 못한 비는
기억의 끈끈이같이 붙어서
질척거렸다

여름날 함께 갔던 찰진 여행지에서
그때 묻은 커피 향 지금도 남아 있는
자판기 앞에서
쌓였던 애틋함이
기억에 가는 줄을 그으며 쏟아졌다

하늘이 아름다웠다
바다는 반짝거렸다
세상은 한 줌 바람이 되어 웃음으로 날아다녔다
시간은 유리창 위에 켜켜이 쌓였다

한 해가 날개를 접는 시간

혼자 바닷가에 서서
오래 그리운 것들과 작별한다
이루지 못한 것들을 놓아 보낸다
한 해의 바람이 오늘 하루만큼은
더 거침없이 불었다

흡혈
—모기에게 바치는 헌사

얼마나 간절한 일이었기에
죽음조차도
멈추게 하지 못하는가?

본디 음습한 숲에서
펄떡거리는 동물의 피를 주식으로 하였으나
사막 같은 삶의 골짜기를 건너오면서
절실한 목마름만 가득해진 어느 날
갑자기 고요한 숲에 뛰어든
한 인간의 늙어가던 피가
비어가던 심장을
터질 듯 채워주었으니
길고 길었던 허기 끝에 몰려오는
짧지만 깊은 성취

사람의 손바닥에 맞아죽은
너를
누가

가치 없는 삶이었다고
비웃겠는가

건망증

칼을 갈다가
지문이 깎여 나갔다
나는 누구였을까
무엇을 하는 사람이었을까

조금 전 듣고 나온
인생의 주전부리를 찾으려
아내에게 또 전화를 건다

사는 것만이
살아남는 것만이 인생의 목표가 된 가을날
그림자마저 사라진 시간
벙글어지게 핀 노란 국화꽃
일반적으로 아름답다

큰비 오는 날

물은 낮은 데로 흐른다

중곡동 네거리
사람이 만든 골짜기에
황톳물 출렁인다

사람들 높은 곳으로 걷는다

물은
마음들의 틈새를 뚫고
저 넓은 네거리에 모여
바다로 흘러가는데,
사각 상자 안에서 운전대를 잡은 사람들
물이 되지 못하고
물에 휩쓸려
바다로 간다

단편영화를 보러 갔다
—삽화, 1980년대식으로

또 비가 내리고 방풍림 너머로 바다가 부풀어 오른다.

바다 앞까지 마을을 끌고 온 길이 생각 많은 나무들을 머리에 얹은 채 숨을 고른다. 비가 오면 세상은 얼마나 커다란 웅덩이인가. 어제는 빗속에서 지붕 건너가던 어린 고양이가 감전사하고 불어터진 정오의 달이 온종일 전봇대에 매달려 울었다. 우기에 웅덩이는 깊어지고 사람의 집은 쉽게 잠수함이 된다.

이 아늑한 웅덩이,

고양이의 죽음을 거두어 가던 죄 많은 여자의 어깨 위로 무심하게 천둥이 내려앉는다. 문득 잠 깨면 흐릿한 시계(視界) 속으로 잠망경을 올린 채 일렁이던 낡은 집들과, 유통기한이 이틀 남은 반값 할인 우유처럼 허여멀건 꿈들, 웅덩이 밖으로 던져지지 못한 생이 물에 떠다녔다. 남자들이 바닷가 횟집에 모여 화투판을 벌이는 저녁, 끝이 뾰족한 울음을 공중에 꽂으며 새들이 바다에서 돌아온다.

일요일이 되자 주기도문이 여자들을 매달고 개척교회 지하 예배당을 걸어 올라오고, 하늘이 엉덩이 내려놓고 좌욕하다 간 바다가 푸르게 젖는다. 몇 마리의 어린 고양이가 더 죽고, 죄 많은 여자들의 참회가 아직도 남았는데 그렇게 이 유쾌한 파노라마는 느닷없이 막을 내린다.

안데스 가는 길

나는 나의 그림을 전혀 이해하지 못한다. 그것은 문학이 아니다.
그것은 나를 사로잡은 이미지를 회화적으로 배열한 것일 뿐이다.
—마르크 샤갈

길의 도덕률이 바다 앞에서 길을 돌려세우고 풀들의 허리를 무심하게 꺾었다. 해안 너머에는 지글거리는 섬 하나 꿰어 들고 수평선이 조용히 들끓고 있었다. 키 큰 가문비나무가 제 몸속의 강줄기 뽑아 노을 위에 길게 드리우던 어느 오후였다.

내가 생을 낙서처럼 마구 갈겨썼던 그때,

정오의 해와 눈 맞추던 우물의 깊고 그윽한 눈동자, 시간의 푸른 빵을 뜯어먹고 작고 둥근 잎을 게워내던 산그늘의 나무들, 또는 구름의 옆구리를 비집고 나와 어두워져 가는 하늘의 끄트머리를 끌고 해안의 숲으로 잦아들던 새떼들의 그 잠행.

언제나 그리운 것들은 먼 곳에 있었다. 내가 전생에서 베껴

온 지도 위의 길은 벌써 끝나고, 미복, 나를 낳기도 전에 죽은 어머니의 이름이 쓰인 팻말에 나는 백묵으로, 안데스 가는 길, 이라고 고쳐 썼다.

성경을 읽지 않는 행복한 저녁에 길이 맥문동 꺾인 등뼈 아래로 계단을 내렸다. 내가 알던 누군가의 생이 펄럭이며 죽음으로 넘어가고, 그 죽음이 또 나를 생에게로 끌고 가던 밤이었다. 가끔 복화술로 말 걸어오는 바다를 흘깃거리며 유월의 길이 전봇대마다 점등하는 노래를 달아주고 있었다.

공생

버려진 폐교의 허물어진 담벼락을 끼고 돌아 들판 가운데로 도망간 길이 우물 속으로 투신한다. 누군가 구겨서 버린 하늘이 위태롭게 산머리에 걸렸다. 문득 우물을 들여다보면, 네 아비를 버리지 마라, 어릴 적 교실 벽에 걸려 있던 급훈이 검은 물 위를 떠다닌다. 담배를 빼어 물자 한철 내내 불려진 구름이 부풀어 오르고, 애인의 아기가 고봉밥 같은 무덤을 열고 걸어 나왔다. 네 아비를 믿지 마라. 담배 연기 같은 애인의 슬픔이 병원 대기실의 민무늬 벽으로 번져갈 때에도 나는 저녁에 벌어질 야구 경기의 스코어를 생각하고 있었다. 이렇게 꺾이고 부러진 생이란 때로는 얼마나 큰 기쁨인가. 적막한 교실에 홀로 앉아 나는 개잎갈나무 컴컴한 그림자가 잡아먹은 아이들의 이름을 또박또박 불러주었다. 다른 남자에게 가버린 애인의 두 번째 아기가 되어 모처럼 평온한 밤이었다.

두목리(頭牧里)

내 마음이 당신의 마음을 붙잡고 눈발로 나부끼던 사월의 어느 밤이었네

혀 짧은 아이들의 늦게 배운 말처럼, 왈칵, 철 지난 눈을 쏟아내던 하늘이 모서리 깎아내며 둥글어지고 있었네

두목리(頭牧里), 라고 써놓고 사람들은, 두모리, 라고 읽곤 했지 산다는 건 삶이 써 나간 문장들에 교정 부호를 달아주거나 떼어내는 일, 그렇게 자꾸 받침 떨어져 나가던 내 마음에 당신은 또 교정 부호를 붙여주었네 당신의 온전한 마음 닮아가면서 그 밤,

교정할 것 많은 내 삶은 부표도 없이 맨몸으로 바다 건너고 해안의 자갈처럼 나는 점점 더 부드러워지고 둥글어져 가고 있었네*

---

*블루스락 밴드 Grace Potter & The Nocturnals의 'Stop The Bus'의 가사 부분 변용.

옛집

아홉 살의 그림일기 속으로 비가 내렸다.

며칠을 계속된 늦장마에 무거워진 하늘을 얹은 채 옛집의 처마는 점점 낮아지고, 문 두드리는 소리에 나가보면 제 나이보다 웃자란 유년의 기억들이었다.

이팝꽃 흐드러진 동네 어귀 지나 소년이 학교에서 돌아오는 길, 밭둑의 쇠비름처럼 허기가 번져간다. 전교회장을 마치고 도시의 공장으로 간 형, 시인이 되고 싶다던 형, 형이 떠난 뒤 부쩍 말이 없어진 할머니는 때로는 근엄한 표정이었다. 심심해. 공복을 굴렁쇠 삼아 놀던 소년은 그림일기 속으로 털이 노란 고양이를 데리고 온다.

지난봄 뭉툭한 크레파스 끝에서 걸어 나와 손 흔들던 형은 어쩌면 이팝나무 가지였을까. 물웅덩이 건너 껑충한 발목 털며 개망초꽃이 비를 끌고 숲으로 가고, 우중충한 일기(日氣)가 담요색 구름을 산등성이 한 켠에 개켜 쌓는다. 창을 열고 날아가고 싶어. 형이 선반 드릴로 깎아 만든 말들을 물고 새들이 날아오고, 비 그친 밤 소년은 그 문장들을 훔쳐 담벼락에 새겼다.

그해 추석 연휴는 길었다. 매번 소년의 얼굴을 잊어먹는 할머니가 해사한 얼굴의 달을 공중에 걸면, 소년은 당산나무에 목을 매단 그 가을의 보름달과 오지 않는 형을 기다리던 할머니를 그림일기에 그려 넣었다.

공복 같은 컴컴한 헛간이 옛집을 잡아먹는다.

우물

선인장은 분갈이가 중요하지.
상토와 인공토, 거름을 잘 섞어줘야 해.
깨져 뿌리 드러난 화분의 선인장을 주워온 날
노인은 모종삽으로 새 화분을 뒤적이며 말했다.

노인의 귀가에는 기우뚱 내려앉은 하늘이 어깨에 얹혀 왔다.
때로는 절뚝이는 길이 노인보다 먼저 문을 열고 마당에 쓰러졌다.
버려지고 고장 난 것들이 리어카에 실려와
두런두런 키를 맞추며 늘어선 곳
지붕 낮은 집은 무거워진 세월을 인 채 오랜 통풍을 앓고,
겨울이면 칼바람이 낡은 집의 관절 사이로 베어 들었다.
담장 너머로 고개 향한 리어카가 쉬는 날은 없었다.
바퀴 부서진 의자, 버튼 떨어져 나간 전기밥솥 따위를
척척 수리해 재활용센터로 실어 보냈어도
노인은 자신의 짧은 다리를 고치지 못했다.
한쪽 뒤축이 먼저 닳아 없어지는 신발처럼

노인의 뒤뚱거리는 생애는 늘 가난으로 기울고,
머리 굵어진 아이들은 이른 분갈이를 하듯 노인의 곁을 떠나갔다.
선인장은 양지바른 곳에 놔야 해. 안 그럼 뿌리가 썩어.
노인의 말 들어주던 우묵한 그림자 같은 아내마저 영영 떠나고,
쉬는 날이 더 많아진 바람 빠진 바퀴의 리어카와
가끔 노인의 손끝을 찌르던 선인장만 남았다.

지난여름은 더웠다. 매미의 낭창한 울음이
마당 한 켠에 시간의 우물을 만들어놓고 간 뒤
노인은 하던 일 멈추고 자주 우물을 들여다보곤 했다.
아직 치우지 못한 선풍기의 고장 난 타이머처럼
멈춘 듯 노인의 시간이 내내 더디게 흐르고,
햇살의 알갱이가 노랗게 부서지던 창가, 마침내
선인장 꽃이
피 었 다.

〈시인통신〉 —

동인들

〈시인통신〉 동인들

—홈페이지: www.sitong.or.kr

■ **권미나**(세아미)

〈시인통신〉 1기. 교육공무원. 프리랜서 디자이너.

E-mail: aiglekorea@naver.com

■ **권순자**(자운)

〈시인통신〉 43기. 1986년 《포항문학》에 「사루비아」 외 2편을 발표하며 작품 활동 시작, 2003년 《심상》 신인상 수상. 시집 『우목 횟집』 『검은 늪』 『낭만적인 악수』 『붉은 꽃에 대한 명상』 『순례자』 『천 개의 눈물』 『Mother's Dawn』(『검은 늪』 영역시집) 등이 있음.

E-mail: 479sky@naver.com

■ **김성한**(시인)

〈시인통신〉 38기. 춘천호 가장자리에서 음식점 운영. 유기농 먹거리 농사와 토봉도 키우며 자연 속의 이런 삶들을 애써 붙잡아 시로 옮기려고 노력하는 자칭 노력파.

E-mail: natman1@naver.com

■ **김순모**(새노)

〈시인통신〉 13기. 전국대학생문예대전 수상. 천리안 통신문단 작가 등단. 현재 거제 고현지역아동센터 근무.

E-mail: lpmti@hanmail.net

■ **도현신**

〈시인통신〉 26기. 자영업. 전 국회 사무관.

E-mail: dhs377@yahoo.com

■ **문석화**(초하)

〈시인통신〉 14기. 현재 미국 거주.

E-mail: coolpoem_choha@hanmail.net

■ **박찬호**(나루)

〈시인통신〉 1기. 2002년 《시인정신》 등단.

E-mail: zampano1@naver.com

■ **송현승**(파라핀)

〈시인통신〉 35기. 《광주일보》 신춘문예에 시 「물은 뼈를 키운다」 당선. 계간 《문예연구》에 소설 「달」과 「투명계단」 당선.

E-mail: parapins@hanmail.net

■ **신병호**(장다리)

〈시인통신〉 57기. 삶의 경험과 세상 사이 접점을 찾는 순간마다 정리하던 습관을 시라는 형식을 빌려 내려놓고 있는 중. 현재 출판사 근무.

E-mail: spdogol@hanmail.net

■ **옥순원**(근아)

〈시인통신〉 23기. 본명 옥근아. 전국 각지에서 물처럼 살았다. 동화집 2권, 시집 1권, 수필집 3권 등이 있음. 현재 강변이 보이는 집에서 20년 만에 새 시집을 엮는 중.

E-mail: gjdok@hanmail.net

■ **원종희**(진솔)

〈시인통신〉 34기. 계간 《문학사랑》 신인상 수상. 교육에세이 공저 『수업의 정치』 『교사들의 필리버스터』가 있음.

E-mail: wjhee20@hanmail.net

■ **이영미**(이남)

〈시인통신〉 17기. 서울예대 문예창작과, 한국방송통신대학교 국문학과 졸업. 현재 ㈜굿모닝여행사 재직 중.

E-mail: enapoem@hanmail.net

■ **이정태** (초록)

〈시인통신〉 32기. 경남 거제 출생. 거제시 동부면 학동리 거주. 〈단비문학〉 동인. 거제문화원 향토사연구소 연구위원.

E-mail: jtlee@dsme.co.kr

■ **장동휘** (새벽)

〈시인통신〉 6기. 1989년 도서출판 푸른숲의 기획시집으로 작품 활동 시작. 시집 『도천동에서 길을 잃다』가 있음.

E-mail: p2piz@korea.com

이 도서의 국립중앙도서관 출판시도서목록(CIP)은 서지정보유통지원시스템 홈페이지(http://seoji.nl.go.kr)와 국가자료공동목록시스템(http://www.nl.go.kr/kolisnet)에서 이용하실 수 있습니다.(CIP제어번호: CIP2018004458)

〈시인통신〉 동인 제6집

그리운 눈썹

초판 1쇄 인쇄 2018년 2월 12일
초판 1쇄 발행 2018년 2월 19일
지은이 〈시인통신〉 동인
펴낸이 고영
책임편집 서윤후
디자인 헤이존
펴낸곳 문학의전당
출판등록 제2017-000002호
주소 서울시 마포구 마포대로 11길 91, 3층
전화 02-852-1977 팩스 02-852-1978
전자우편 sbpoem@naver.com

ISBN 979-11-5896-360-6 03810